米莱知识宇宙

用古诗撬起

启航吧知识号

科学杠杆

漫阅童书　编绘

北京理工大学出版社
BEIJING INSTITUTE OF TECHNOLOGY PRESS

图书在版编目（CIP）数据

用古诗撬起科学杠杆 / 漫阅童书编绘 . — 北京 : 北京
理工大学出版社 , 2025.3.
（启航吧知识号）.
ISBN 978-7-5763-4840-8

Ⅰ . Z228.1

中国国家版本馆 CIP 数据核字第 20254YW648 号

责任编辑：户金爽　　文案编辑：户金爽
责任校对：刘亚男　　责任印制：王美丽

出版发行 / 北京理工大学出版社有限责任公司
社　　址 / 北京市丰台区四合庄路 6 号
邮　　编 / 100070
电　　话 / (010) 82563891（童书售后服务热线）
网　　址 / http://www.bitpress.com.cn

版 印 次 / 2025 年 3 月第 1 版第 1 次印刷
印　　刷 / 雅迪云印（天津）科技有限公司
开　　本 / 710 mm × 1000 mm　1/16
印　　张 / 8.5
字　　数 / 200 千字
定　　价 / 36.00 元

前言

在《中国诗词大会》节目中，主持人董卿说："就像有人问世界著名登山家乔治·马洛里，为什么要攀登，马洛里回答，因为山就在那里。诗词也是如此，为什么要学诗，因为诗词就在那里，生生不息千年。"

古诗十分优美，但是在很多孩子眼里，它们就像是噩梦一样，因为古诗实在是太难背了。孩子一看到密密麻麻的原文、译文、注释就头疼，更别提理解古诗的意思了。

我们这套《用古诗撬起科学杠杆》采用趣味漫画的形式，能够瞬间吸引孩子的兴趣，让孩子真正融入诗词的背景氛围里，了解古诗词背后的时代背景、人文轶事，拉近孩子与历史人物的距离，让记忆与知识迅速在孩子大脑中留下印象。

除此之外，在大语文时代，单纯地记忆背诵古诗词已经不能满足孩子全方位发展的需求，而应全力培养孩子的文、史、哲、艺等方面的能力，让孩子博学多识，成为多面手。

目录

第三辑·自然景观

第一辑 四时气象

变幻莫测的大自然，牵动着每个人的好奇心。诗人也不禁好奇地问：风从哪里来？为什么露水一遇到太阳就消失不见？像棉花似的云朵怎么变成了雨水？那蒙蒙雾露为何是冰霜的前身？

长歌行

汉乐府

青青园中葵①，朝露②待日晞③。

阳春布德泽④，万物生光辉。

常恐秋节至⑤，焜黄⑥华⑦叶衰⑧。

百川东到海，何时复西归？

少壮不努力，老大⑨徒⑩伤悲！

注释

① 葵：一种蔬菜。

② 朝露：清晨的露水。

③ 晞（xī）：天亮，引申为阳光照耀。

④ 德泽：恩泽。

⑤ 秋节至：秋天到来。

⑥ 焜（kūn）黄：草木枯黄。

⑦ 华：同"花"，读作huā。

⑧ 衰：衰败、凋谢。

⑨ 老大：老年。

⑩ 徒：白白地。

汉乐府：汉代专门管理乐舞演唱、练习的机构。乐府的职责之一是对从民间采集的歌谣或诗文配乐，后世将这样的诗歌称为"乐府诗"。

译文

园中的葵菜都绿油油的，清晨的露水期待着阳光。

春光为大地带来了恩泽，万物都呈现出蓬勃生机。

常恐那肃杀的秋天降临，草木枯黄，花朵儿凋零。

百川奔腾着东流入大海，何时再回到原来的西境？

少壮之年若不及时努力，到了老年只能悔恨一生！

露水

为什么秋天常有露水？

我们抱在一起就会很暖和。

好冷

秋天的夜晚，大地的热量散发得很快。当气温降到露点以下、零摄氏度以上，地面或地物表面的水汽就会凝结成水滴，这就是露水。

所以，白居易夜游长江时，才会看到这样的景象：可怜九月初三夜，露似真珠月似弓。

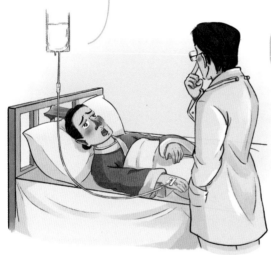

遛会儿弯，鞋都湿了。

为什么到现代喝露水会拉肚子？

古今的环境不一样。你啊，伤不起。

古代的文人雅士很喜欢露水。他们认为露水比井水更纯净，常用它来烹饪、煮茶。

快点建好承露台，寻常器物怎么能盛圣水呢？

笨蛋，那是方士骗你的！

汉武帝更是固执地认为，露水是天上的圣水，用它服用玉屑可以长生不老。

诗词博物志

风

[唐] 李峤

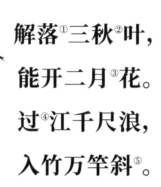

解落①三秋②叶，
能开二月③花。
过④江千尺浪，
入竹万竿斜⑤。

注释

① 解落：脱落，这里指吹落。

② 三秋：农历九月，指晚秋。

③ 二月：农历二月，指早春。

④ 过：经过。

⑤ 斜：倾斜，倒斜。

李峤（qiáo）：字巨山，赵郡赞皇（今属河北）人，唐代诗人，与苏味道、杜审言、崔融并称"文章四友"。

译文

能吹落秋天金黄的树叶，
能催开春天美丽的鲜花。
经过江面能够掀起巨浪，
吹入竹林能使万竹倾斜。

风从哪里来

今天真不该出门！

这是一首咏物诗，也是一则巧妙的谜语。诗中写风，却没有提到风，难怪诗人晚年时被称作"文章宿老"。那么，风从哪里来呢？

天气真热，如果有风吹过来就好了。

在气温高的地方，空气会因"晒太阳"而体积膨胀、密度变小，向高处上升。

凉爽多啦！

热空气移开后，周围的冷空气就会横向流入，填补热空气的位置，这就产生了风。

八级风可是能吹断树枝的！

风的脾气很古怪，而且变幻莫测，有时风大，有时风小。气象学家将风力划分为 18 个等级，最小是 0 级，最大是 17 级。

清风徐来，适合游玩！

虽然古代没有科技产品，但古代人依旧能测风。东汉的天文学家张衡发明的"铜乌"就能勘测风速和风向。

诗词博物志

春日

[宋]朱熹

胜日寻芳泗水滨，无边光景一时新。
等闲识得东风面，万紫千红总是春。

在诗歌中，诗人也用风来代表四季。东风代表春季，南风代表夏季，西风代表秋季，北风代表冬季。

清平调① (其一)

[唐] 李白

李白：字太白，号青莲居士，陇西成纪（今甘肃天水）人，唐代浪漫主义诗人。

云想衣裳花想容，
春风拂槛②露华浓③。
若非群玉④山头见，
会⑤向瑶台⑥月下逢。

① 清平调：唐朝的一种歌曲名，后用作词牌名。
② 槛：栏杆。
③ 露华浓：牡丹花上晶莹的露珠，使花朵更显艳丽。
④ 群玉：神话传说中的山名，是西王母的住处。
⑤ 会：应。
⑥ 瑶台：西王母居住的宫殿。

译文

云霞仿佛是她的衣裳，花儿宛若她的容貌，贵妃的美就像春风拂照下带着露珠的牡丹。如果不是群玉仙山上才能见到的飘飘仙女，那必定是只有在瑶台月下才能遇到的女神。

空中的云朵

　　唐玄宗的贵妃杨玉环是中国古代四大美女之一，成语闭月羞花中的"羞花"，说的就是她。难怪李白描写杨贵妃时，会说"云想衣裳花想容"。

　　那么，天上变化多端的云彩，又是怎么形成的呢？

　　其实，天上的云彩是水变成的。在阳光的照射下，地球表面的水蒸发，形成水蒸气。

　　这些水蒸气因受热膨胀而上升。在上升的过程中，水蒸气遇冷而液化成水滴或凝结成冰晶，它们聚合在一起，就形成了云。当云中的水滴大到大气托不住时，就会形成降雨。

亭香沉

诗词博物志

早春呈^①水部张十八员外^② (其一)

［唐］韩愈

天街^③小雨润如酥^④，

草色遥看近却无。

最是一年春好处^⑤，

绝胜^⑥烟柳满皇都。

注释

① 呈：恭敬地送上。

② 水部张十八员外：指唐代诗人张籍。他在家族中排行第十八，曾任水部员外郎。

③ 天街：京城的街道。

④ 润如酥：形容春雨滋润细腻。酥，油酥。

⑤ 处：时。

⑥ 绝胜：远远超过。

韩愈：字退之，河南河阳（今属河南孟州）人，唐代诗人。

译文

京城街道的细雨像酥油般滋润，
远看草色青青近看什么都没有。
早春是一年之中最美好的时节，
远远胜过那绿柳满皇城的春暮。

各有特色的雨

和来去匆匆的夏雨不同，春雨缥缈细密，如牛毛，似花针。这是因为春雨和夏雨有着不同的成因。

这时候的衣服总也晾不干，所以梅雨也叫霉雨。

锋面雨

在锋面（冷气团与暖气团的交界面）活动中，暖湿气流升向上空时，由于气温不断降低，空气中的水汽遇冷凝结，形成降雨。这种雨叫作锋面雨。江南梅雨就是典型的锋面雨。春季多锋面雨。

对流雨是来自对流云中的降雨。地面温度较高时，地面的湿热空气迅速膨胀并上升，而上升气流中的水汽在高空遇冷凝结，形成对流雨。夏季多对流雨。

热得我都变轻了。

对流雨

形成降雨

干冷气流

迎风坡

背风坡

地形雨

在高山地区，湿气流被迫抬升到高空，遇冷凝结形成降雨。这种雨叫作地形雨。

诗词博物志

台风活动引起的降雨叫作台风雨，常发生在热带海洋上和沿海地区。这是因为台风区内水分充沛，气流在上升过程中遇冷凝结，就会产成较大的降水。

台风雨

山行

[唐] 杜牧

杜牧：字牧之，号樊川居士，唐代诗人，人称"小杜"。

远上寒山①石径斜，
白云生②处有人家。
停车坐③爱枫林晚，
霜叶红于二月花。

注释

① 寒山：深秋时节的山。

② 生：产生，生出。

③ 坐：因为。

译文

远处高山上的小路蜿蜒曲折，
白云升腾的地方有几户人家。
停车是因为我爱看枫林晚景，
经霜的红叶比春花更加鲜艳。

凝华而成的霜

这些冰晶经阳光照耀就会消失的。

不好啦！菠菜叶上长出冰晶了！

在寒冷季节里，在微风轻拂、天气清明的夜晚，土地、植物常覆盖着一层洁白剔透的冰晶，这就是霜。

什么是凝华呢？

你变样子啦！

和雨、雪不同，霜不是从天而降的，而是空气中的水蒸气遇冷凝华结成的。

我们将物质跳过液态直接从气态变为固态的物理现象，叫作凝华。

诗词博物志

当空气中的水蒸气接触到冰冷的物体，由于物体温度比水蒸气低，水蒸气受冷，温度降至零摄氏度以下，水蒸气就会因凝华形成霜了。

天气冷了，该穿厚衣裳了。

在二十四节气中，唯一以"霜"为名的节气是霜降。不过，霜降节气不是表示结霜，而是表示气温骤然下降。

柳宗元：字子厚，河东郡（今山西）人，唐代诗人，世称"柳河东""河东先生"。

江雪

[唐] 柳宗元

千山鸟飞绝①，
万径②人踪③灭。
孤舟蓑笠④翁，
独钓寒江雪。

注释

① 绝：无，没有。

② 径：道路。

③ 人踪：人的脚印。

④ 蓑笠（suō lì）：蓑衣和斗笠。蓑，古代用来防雨的衣服。笠，古代用来防雨的帽子。

译文

群山中的飞鸟不见踪迹，
所有的道路都不见人影。
孤舟上的渔翁披蓑戴笠，
独自在寒冷的江面钓鱼。

六片花瓣的雪花

诗词博物志

我没有鼻子！

这根萝卜借给你！

隆冬时节，洁白的雪花装点大地。那么，雪是怎么形成的呢？

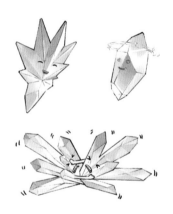

云中的小冰晶很调皮，总在云中撞来碰去。有的小冰晶因此而融化，有的小冰晶却粘到了一起，变成大冰晶。

由于云中还有水汽，冰晶也会因凝华变得更大。当冰晶大到大气无法托住它时，就形成了降雪。

和其他的花儿一样，雪花也有花瓣。早在西汉时期，就有人发现，寻常花朵大多有五瓣花瓣，而雪花则有六瓣。

雪阻拦了
我们!

古代人很期待下大雪，民间至今还流传着"瑞雪兆丰年"的俗语。这是因为积雪能够阻隔冷空气，使土壤保存热量。

雪就像从天而降的养料!

春天到来时，积雪消融成水。由于雪中含有丰富的氮，渗透进土壤就像为作物施了肥料。

诗词博物志

在异常寒冷的北极，雪还是一种建筑材料。因纽特人居住的雪屋，就是由雪砖垒砌的。雪屋不但能抵御寒风，还能在屋内生火取暖。

春夜喜雨

[唐] 杜甫

好雨知时节，当春乃发生①。

随风潜入夜，润物细无声。

野径②云俱黑，江船火独明。

晓看红湿处③，花重④锦官城⑤。

 注释

① 发生：使植物萌发、生长。

② 野径：田野间的小路。

③ 红湿处：被雨水打湿的花丛。

④ 花重：花因为饱含雨水而显得沉重。

⑤ 锦官城：成都的别称。主持织锦的官员在成都居住过，所以又名"锦官城"。

杜甫：字子美，号少陵野老，出生于河南巩县（今巩义市），原籍湖北襄阳，唐代现实主义诗人。

好雨似乎知道时节的变化，
到了春天就催着植物发芽。
伴随春风悄悄在夜里飘洒，
无声无息地滋润大地万物。
浓浓的乌云笼罩田野小路，
只看得见江上船中的灯火。
天亮后再去看那带雨红花，
花朵沉甸甸装点着锦官城。

由自然到社会的观察

我更关心现实情况。

与"浪漫主义"相反，"现实主义"诗歌里没有奇幻的想象，诗中记录了许多真实发生的故事。

杜甫是唐朝伟大的现实主义诗人。不过，杜甫不仅是诗人，也是唐朝的"新闻记者"，他将自己的亲身经历写进了诗里。所以，人们把他的诗称为"诗史"。

唐朝"新闻记者"杜甫创作的诗篇，荣获"诗史"之称

好几天没吃饭，好饿。

"朱门酒肉臭，路有冻死骨"就是杜甫从长安前往奉先县途中的所见所闻。

　　"安史之乱"爆发后，国家衰落，民不聊生。杜甫写了许多记录民间疾苦的诗篇。"三吏三别"中的《石壕吏》，就讲述了官兵乘夜征兵，连年迈的老妇人也被抓去服役的故事。

　　"三吏三别"是杜甫六篇诗作的合称，揭露了战争给百姓带来的巨大灾难和不幸。"三吏"指《新安吏》《石壕吏》《潼关吏》，"三别"指《新婚别》《无家别》《垂老别》。

第二辑 花草鱼虫

奇妙的科学浸润着世间万物，花草鱼虫也不例外。荷花拥有『自洁模式』，草灰是天然的肥料，鱼儿不怕水的秘密被揭晓，聒噪的蝉鸣也找到了答案。

江畔独步寻花 (其六)

[唐] 杜甫

黄四娘①家花满蹊②，

千朵万朵压枝低。

留连③戏蝶时时舞，

自在娇莺恰恰啼。

注释

① 黄四娘：杜甫住成都草堂时的邻居。

② 蹊（xī）：小路。

③ 留连：舍不得离去。

译文

黄四娘家周围小路旁开满鲜花，万千花朵压弯了花枝低垂地面。眷恋芬芳花朵的彩蝶时时飞舞，自由自在的黄莺"恰恰"啼鸣。

长着"脚"的香气

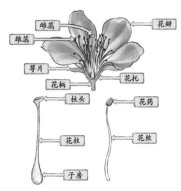

为什么鲜花会散发香气，而我们又能闻到花香呢？

在植物体内，有一种很薄的细胞组织，我们称其为"薄壁组织"，它能帮助植物恢复生机，也能帮助植物通气、吸收营养，又被称为"营养组织"。

薄壁组织中有许多油细胞，它们会分泌出具有香气的芳香油。

芳香油很容易扩散到空气里，形成气体分子。它们在空气中扩散后，就会"钻"进我们的鼻子。

诗词博物志

我们坐上这辆车，看看能到哪里吧！

我们好像来到了鼻腔。

不过，真正让我们闻到花香的并不是鼻子。事实上，我们的鼻腔并不能产生嗅觉，它只是将气体分子"传送"到鼻腔后部的嗅觉上皮。嗅觉上皮密布着数不清的嗅觉细胞。

我闻到花香啦！

不同的气体分子会让嗅觉细胞产生不同的信号，传递给大脑，我们就闻到缕缕香气了。

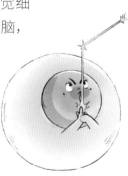

小池

[宋] 杨万里

泉眼①无声惜②细流，

树荫照水③爱晴柔④。

小荷才露尖尖角⑤，

早有蜻蜓立上头。

注释

① 泉眼：泉水的出口。

② 惜：吝啬，吝惜。

③ 照水：映照在水中。

④ 晴柔：晴天柔和的风光。

⑤ 尖尖角：初出水面还没有舒展的荷叶尖端。

杨万里：字廷秀，号诚斋，吉水（今属江西）人，南宋诗人。

译文

泉眼无声地流淌着似乎很珍惜那泉水，
映在水面的树荫喜欢晴天柔和的风光。
刚探出水面的荷叶露出那尖尖的叶角，
早已有一只小小的蜻蜓落在它的上头。

洁净的荷花

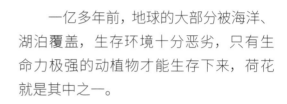

　　一亿多年前，地球的大部分被海洋、湖泊覆盖，生存环境十分恶劣，只有生命力极强的动植物才能生存下来，荷花就是其中之一。

晓出净慈寺送林子方
毕竟西湖六月中，风光不与四时同。
接天莲叶无穷碧，映日荷花别样红。

六月花神　水芙蓉　莲花

　　人们很喜欢荷花，为它取了许多名字，比如莲花、水芙蓉、六月花神。难怪杨万里的另一首诗中会同时出现"莲叶""荷花"呢。

出淤泥而不染，濯清涟而不妖。

——《爱莲说》

北宋周敦颐最爱荷花的气节。他说，荷花生长在淤泥中，却清丽洁净，丝毫没有被污泥所沾染。

我怎么看不见绒毛？

荷叶表面密布着非常细小的绒毛，能帮助荷叶抵挡灰尘。

诗词博物志

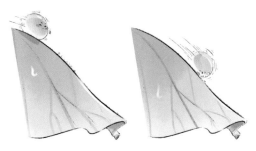

下雨时，由于雨水无法接触到荷叶的底部，只能在绒毛上不停翻滚，直到滚下荷叶，而沾在荷叶上的灰尘也随之而去。

游园不值①

[宋] 叶绍翁

应②怜③屐齿④印苍苔⑤，

小扣⑥柴扉⑦久不开。

春色满园关不住，

一枝红杏出墙来。

 注释

① 不值：没有遇到。值，遇到。

② 应：大概，表示猜测。

③ 怜：爱惜。

④ 屐（jī）齿：木屐底下凸出像齿的部分，有防滑作用。

⑤ 印苍苔：在青苔上留下印迹。

⑥ 小扣：轻轻地敲。

⑦ 柴扉：用木柴、树枝编成的门。

叶绍翁：字嗣宗，号靖逸，龙泉（今属浙江）人，南宋诗人。

译文

也许是主人怕我的木屐踏坏了青苔，
站在柴门外敲了很久也无人来开门。
不过园里的春光是无法被禁锢住的，
一枝粉红的杏花从墙头伸展了出来。

花的颜色

花朵为什么有
这么多的颜色？

一年四季中，每个季节
都有花朵绽放。那些花朵形态
各异，有红的、白的、粉的、
黄的，色彩缤纷，美丽极了。

这是因为植物的花瓣
中含有丰富的色素。

其中，主要的三类色素
包括花青素、类胡萝卜素和
类黄酮素。

花青素能让花朵呈现深红色、粉红色、蓝色、紫色。红莓、樱桃、蓝莓、桑葚中都含有花青素。

想延缓衰老就多吃胡萝卜。

类胡萝卜素能让花朵呈现橘黄色、橘色、橘红色。胡萝卜中就含有大量的类胡萝卜素。

我还能抗氧化、调节人体的免疫力呢！

医生们还用我研制出了许多药物！

类黄酮素能使花朵呈现深浅不同的黄色，比如银杏叶。

己亥杂诗① (其五)

[清] 龚自珍

浩荡②离愁白日斜，

吟鞭东指③即④天涯。

落红⑤不是无情物，

化作春泥更护花。

 注释

① 己亥（hài）杂诗：是龚自珍在己亥年（1839 年）写的一组诗，共 315 首，取名《己亥杂诗》。

② 浩荡：无限。

③ 东指：东方的故乡。

④ 即：到。

⑤ 落红：落花。

龚自珍：字璱人，浙江仁和（今杭州）人，清代诗人。

译文

无限的离别愁绪向落日的远处延伸，
高高扬起马鞭去往远在天涯的故乡。
凋零的花瓣并不是对花儿无情之物，
它融入泥土是为了更好地呵护花儿。

消失不见的落花

花瓣哪儿去了？

你观察过身边的植物吗？为什么花儿、叶儿落到地上后，会慢慢地与泥土融为一体呢？

诗词博物志

杂草、落叶是宝贝，和入粪土里能为土壤增肥。

父亲，为什么不扔掉杂草呢？

其实，这是物质在生物和无机环境之间的循环现象。古人很早就学会利用这个现象为土壤增肥了。

在微生物眼中，凋零物就像一顿从天而降的大餐。

我居然也是凋零物！

科学家将植物枯萎落下的花瓣、叶子、树皮、果实等称为凋零物。

铁 硼 锰 锌

经过矿质化过程和腐殖化过程，凋零物就能转变成被植物吸收的养分。"化作春泥更护花"说的就是这一科学现象。

诗词博物志

咏柳

[唐] 贺知章

贺知章：字季真，号四明狂客，越州永兴（今浙江杭州）人，唐代诗人。

碧玉①妆成②一树高，

万条垂下绿丝绦③。

不知细叶谁裁④出，

二月春风似剪刀。

译文

高高的柳树像用碧绿的玉石装扮而成，
千丝万缕的枝条像绿色丝带随风摇曳。
不知道那细细的柳叶是谁裁剪出来的，
二月和煦的春风如同一把神奇的剪刀。

注释

① 碧玉：青绿色的玉石，这里形容春天嫩绿的柳叶。

② 妆成：打扮，妆饰。

③ 绦（tāo）：丝带，这里指细软的柳枝。

④ 裁（cái）：裁剪。

草木中的繁殖达人

作为春天的象征，姿态婀娜的柳树很受欢迎，诗歌里常常出现它的身影。

一树春风千万枝，嫩于金色软于丝。

碧玉妆成一树高，万条垂下绿丝绦。

杨柳千条拂面丝，绿烟金穗不胜吹。

大家都用「柳」来形容我的美丽。

柳叶细细长长，柳枝纤细柔软，"柳眉""柳腰"也成为形容女子貌美的词语。

编织物

炒柳芽

柳树不仅形态优美，其叶子和枝条还可以做成餐桌上的美食和实用的家居用品。

用不了多久，柳枝就能生根长成植株啦。

柳树还拥有强大的繁殖能力。俗语"无心插柳柳成荫"，就是指柳树的扦插繁殖方法。将剪取的柳枝插入泥土，就能重新长出一株柳树。

这是因为柳条中含有丰富的水杨酸，能够促进植物生根。所以，浸泡过柳枝的水还能促进其他植物的生长。

浸泡过柳条的水还可以当"生根水"

鼻子好痒！

除了扦插繁殖，柳树还可以通过开花、授粉、播种繁殖。轻飘飘、毛茸茸的柳絮里裹着柳树的种子，它们随风四散，在泥土中生根发芽。

鹿柴①

[唐] 王维

空山②不见人，

但闻③人语响。

返景④入深林，

复照青苔上。

注释

① 鹿柴：诗人晚年隐居辋川（今陕西蓝田）附近的地名。柴，在诗中读作 zhài。

② 空山：人烟稀少的山中。

③ 但闻：只听见。

④ 返景：同"返影"，太阳将落时通过云彩反射的阳光。

王维：字摩诘，号摩诘居士，河东蒲州（今山西永济）人，唐代诗人，诗与孟浩然齐名，史称"王孟"。

译文

空寂的山里看不见人的踪影，
只隐约听到人们说话的声音。
反射的日光照进幽静的深山，
又映照在那青绿色的苔藓上。

阴湿地面铺的"绿地毯"

人们将我的根、茎、叶叫作拟茎、拟叶和拟根。

大多数的植物都有根、茎、叶，但苔藓植物却是一个例外。

苔藓的身材十分矮小，没有真正的根、茎和叶子。

苔藓喜欢阴凉、潮湿的环境。即使没有土壤，只要有水和阳光，它们就能大片丛生。

找到两个好朋友！

我们是植物界的拓荒先锋！

强大的生命力，让苔藓的足迹遍布各地。热带地区、冰原地带、平地、高山、岩石、树皮、水面，甚至水底，都能成为它们的家园。

高山
岩石
冰原地带
热带地区
水底

泥炭藓中含有的泥炭酚能治皮肤病！

生长在沼泽土地上的泥炭藓不仅是一种中草药，晒干以后还能用来发电呢！

诗词博物志

赋得①古原草送别

[唐] 白居易

离离②原上草，一岁一枯荣。

野火烧不尽，春风吹又生。

远芳侵③古道，晴翠接荒城。

又送王孙去，萋萋④满别情。

 注释

① 赋得：古代按指定题目作诗，诗名前需加"赋得"二字。

② 离离：繁茂的样子。

③ 侵：长满。

④ 萋萋：草木长得茂盛的样子。

白居易：字乐天，晚年号香山居士，出生于河南新郑，祖籍山西太原，唐代现实主义诗人。

译文

多么茂盛的原上草呀，年年枯萎又年年繁盛。
熊熊的烈火烧不尽它，春风一吹又重获新生。
远处的芳草长满古道，草木晴翠连接着荒城。
我又在这里送别朋友，繁茂的芳草满含别情。

奇特的肥料

　　草是草本植物的总称，有蒲苇、马蹄金、紫田根等上百个种类。在草的叶子上，有许多肉眼看不见的小孔，它们就像草的鼻子，帮助草进行呼吸。

二氧化碳
（CO$_2$）

氧气
（O$_2$）

　　草在进行呼吸时，就像一台"空气净化器"，它们吸入人们呼出的二氧化碳，吐出人们需要的氧气。

小草，小草，来年长得更好。

草和庄稼一样，需要丰富的营养才能长得繁茂，但平时很少有人给草施肥。秋冬时节，人们为了处理枯草，通常会选择火烧。

再大的火，也不怕。

草的生命力十分顽强，即使遇到大火燎原，也可以在来年春天重获新生。这是因为草的"心脏"——根，藏在地下，只要草根不受破坏，就可以一直存活。

草被烧成灰后，灰烬中会保留一些矿物成分。当雨水降临，这些灰可以随着雨水渗入土壤中。这样一来，矿物成分也会进入土壤，就像为土壤施了肥一样。

钙 镁 硅 锰 铜 钼 锌 硼

诗词博物志

竹石

[清] 郑燮

咬定①青山不放松，

立根②原在破岩中。

千磨万击还坚劲，

任③尔④东西南北风⑤。

注释

① 咬定：比喻竹子扎根很深，就像嘴巴咬着不松口似的。

② 立根：扎根。

③ 任：任凭。

④ 尔：你。

⑤ 东西南北风：来自四面八方的风。

郑燮(xiè)：字克柔，号板桥先生，江苏兴化人，祖籍苏州，清代诗人。

绿竹紧紧地咬住青山不松口，
竹根深深扎进岩石的缝隙中。
经历无数磨难依然那么坚韧，
任凭你是东风西风南风北风。

53

竹子

竹子、梅花、松树有一个共同的特点：不畏严寒，人们称它们为"岁寒三友"。

不可思议！

别被竹子高大、挺拔的外表所迷惑，它可是草本植物呢！

原来咱们是一家人呀！

多吃点钙片，我也要长高！

草儿大多身形矮小，为什么竹子长得那么高呢？

与青草不同，竹子萌芽的时间很晚，生长速度也很慢，头两三年可能只长几厘米。这是因为竹子将大量的时间都花在了扎根上。

稳稳扎根，长得高！

有谁比我长得更快吗？

一旦竹子扎稳了根系，就会以惊人的速度向上生长，一两个月就能长到十余米的高度。

会，但我开花就会枯萎。

诗词博物志

花中四君子

你也会开花吗？

因为竹茎中空外直，古代人也用竹子形容谦虚、高尚的君子。

江南

汉乐府

江南^①可^②采莲，
莲叶何^③田田^④。
鱼戏^⑤莲叶间。
鱼戏莲叶东，
鱼戏莲叶西，
鱼戏莲叶南，
鱼戏莲叶北。

注释

① 江南：这里指长江以南。

② 可：正好，适宜。

③ 何：多么。

④ 田田：形容莲叶碧绿劲秀的样子。

⑤ 鱼戏：形容鱼儿在水中往来游动。

戏，嬉戏，玩耍。

译文

在江南适合采摘莲蓬的时节，

莲叶多么碧绿劲秀呀。

鱼儿在莲叶间嬉戏。

鱼儿在莲叶东边嬉戏，

鱼儿在莲叶西边嬉戏，

鱼儿在莲叶南边嬉戏，

鱼儿在莲叶北边嬉戏。

奇特的呼吸方式

　　和人类一样，水中的游鱼也需要呼吸氧气。那么，鱼儿是怎么呼吸的呢？

　　鱼鳃是鱼儿的主要呼吸器官。鱼儿在水中时，每个鳃片、鳃丝、鳃小片都会完全张开，扩大鳃与水接触的面积。当水进入鱼儿的口中，经过鳃排出的时候，鳃小片内密布的血管就会进行气体交换，从而获得氧气。

　　不过，并不是所有的鱼都只用鳃进行呼吸，有的鱼还可以通过皮肤呼吸，例如弹涂鱼；有的鱼则和人类一样会用肺呼吸，例如肺鱼。

蜂

［唐］罗隐

罗隐：字昭谏，杭州新城（今属浙江富阳）人，唐代诗人。

不论平地与山尖①，

无限风光尽被占②。

采得百花成蜜③后，

为谁辛苦为谁甜？

注释

① 山尖：山峰。

② 占：占据，占有。

③ 成蜜：酿成蜂蜜。

译文

无论是平坦的原野还是高耸的山峰，凡是花朵盛开的地方都被蜜蜂占据。辛勤采集百花才酿成了甘甜的蜂蜜，你到底为谁辛苦又为谁酿造蜂蜜呢？

酿蜜高手

从蜜蜂的名字就能看出来，它是数一数二的酿蜜高手！那么，你知道蜜蜂是怎么酿蜜的吗？

半开的花朵不甜！

你怎么走了？

蜜蜂对花朵很挑剔，只采集盛开鲜花的蜜汁。

在蜜蜂的嘴巴里，有一对左右对称的、像斧子形状的上颚，能咀嚼花粉和建筑蜂巢。

蜜蜂的下颚和舌头长在一起，形状就像一根细长的吸管。蜜蜂就是靠它来吸食花蜜。

蜜蜂采集好花蜜飞回蜂巢后，就把混合着消化酶的蜜汁从肚子里吐出来，储藏在六边形的蜂巢格子里。

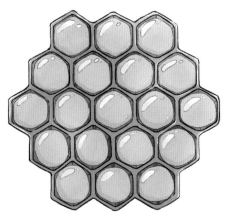

别去，它很厉害！

不许吃我的蜂蜜！

经过一段时间的蒸发，蜜汁就会变成黏稠的蜂蜜。

舟夜书所见

[清]查慎行

查慎（zhā shèn）行：字夏重，号查田，浙江海宁人，清代诗人。

月黑见渔灯，
孤光①一点萤②。
微微风簇③浪，
散作满河星。

注释

① 孤光：孤零零的灯光。

② 萤：萤火虫。

③ 簇（cù）：聚集，簇拥。

译文

看不见月亮的黑夜但见一盏鱼灯，
孤零零的灯光像萤火虫发出的光芒。
微风拂过河水泛起层层波浪，
河水映照散开的灯光像散落的星星。

会发光的萤火虫

萤火虫的腹部末端有个"小灯笼"，能发出橙色、红色、黄色、绿色、黄绿色的荧光，所以也叫火金姑、亮火虫。那么，为什么萤火虫能发光呢？

诗词博物志

萤火虫不是每时每刻都发光。对于萤火虫来说，荧光更像一种交流信号。当它们遇到天敌时，就会通过发光来提醒同伴。

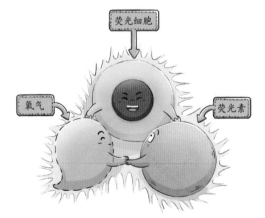

荧光细胞

氧气

荧光素

萤火虫身上的"小灯笼"含有荧光素，在氧化还原反应下，荧光细胞和荧光素产生作用，发出细弱的光芒。

你愿意嫁给我吗？

荧光还是它们表达爱意的语言。萤火虫在求偶时，会发出特定频率的光芒。

一只萤火虫发出的光很微弱，所以诗人才能将孤零零的渔灯比作萤火虫的荧光。不过，当很多萤火虫聚在一起时，光就会变得很明亮。

诗词博物志

东晋的车胤就是借助萤火虫的光芒学习的，最后成为朝中重臣。

所见

[清] 袁枚

袁枚：字子才，号简斋，钱塘（今属杭州）人，清代诗人。

牧童骑黄牛，

歌声振①林樾②。

意欲捕鸣蝉，

忽然闭口立。

注释

① 振：震荡、回荡，这里指牧童的歌声嘹亮。

② 林樾（yuè）：树林的阴影。樾，树荫。

译文

牧童骑着黄牛，

嘹亮的歌声在树林之中回响。

他想要捕捉树上鸣叫的蝉，

忽然闭上嘴巴静悄悄地站在树旁。

肚子里的"大鼓"

你们觉得好听吗？

它好像只会唱两个音调。

蝉是昆虫世界的"男高音"。别看它个头不大，只有2～5厘米，却有着特别清脆、响亮的歌声。

森林男高音

我会腹语哦！

小小的蝉为什么能获得男高音的称号呢？原来，蝉并不是用嘴巴歌唱的。

蝉的嘴巴像一根针，每当饥饿、口渴的时候，蝉就会用尖细的口器刺破植物的茎干，吸吮植物的汁液。

不用嘴巴唱歌也会口渴。

没错！

不会唱歌也没关系！

主唱好厉害！

它可是昆虫界有名的男高音！

蝉的肚子像蒙上了一层鼓膜的大鼓。这种结构只有雄蝉才有，年幼的蝉和雌蝉是发不出声音的。

当鼓膜受到振动，就能发出声音。在一秒钟的时间里，蝉的肌肉能伸缩约一万次，由于盖板和鼓膜之间是中空的，能产生共鸣，所以蝉的声音特别响亮。

这不是歌声，是噪音！

乐意效劳。

你唱得真好听，能为我再唱一首歌吗？

到了夏季，雄蝉每天都会"知了，知了"地唱个不停，目的是吸引雌蝉，繁殖后代。所以，蝉也叫知了。

第三辑　自然景观

诗人笔下的河山不但壮美，还蕴藏着奇妙的科学。李白发现岸边青山会运动，刘禹锡好奇黄河中泥沙从哪儿来，白居易眼中的水色，一半蓝一半红，苏轼明白了庐山面目的真相。

渡荆门①送别

[唐] 李白

渡远荆门外，来从②楚国③游。

山随平野尽，江入大荒④流。

月下飞天镜，云生结海楼⑤。

仍怜⑥故乡水⑦，万里送行舟。

① 荆门：指荆门山，位于今湖北宜都境内。

② 从：往。

③ 楚国：楚地，这里指今湖北一带。

④ 大荒：辽阔无际的原野。

⑤ 海楼：海市蜃楼。这里形容江上变幻莫测
的云霞奇观。

⑥ 怜：怜爱。

⑦ 故乡水：指从李白故乡流来的江水。

要是我也能住到云彩城里，那该多好呀！

译文

我乘船渡江来到遥远的荆门之外，
到战国时期的楚地游览大好风光。
高山随着原野的出现一点点消失，
江水仿佛流入那无边无际的原野。
水中的月影仿若天上飞来的镜子，
空中云彩缔结成奇异的蜃楼景观。
但我还是爱恋从故乡流来的江水，
它奔腾不息陪伴我驶过漫漫长路。

海市蜃楼

传说，海上住着一种叫蜃的海怪，吐出的气能幻化成亭台楼阁、车马人物，迷惑人的心智。

我才是蜃怪！

你是传说中的蜃怪吗？

那，那你有证据吗？

没有人见过蜃的模样，有人说，它长得像大牡蛎，也有人说它是一种蛟龙。

我不信有蜃怪，这样的美景应该是云彩创造的！

诗中的"海楼"，说的就是这种奇异景象——海市蜃楼。

诗词博物志

别玩了！

对不起，我只是想认识一下光。

其实，海市蜃楼并非海怪的幻术，也不是李白认为的"云生结海楼"，它是一种光学现象。

你怎么长得和我们不一样？

你改变了光的轨迹！

因为我们不是同一个介质呀。

在同一种均匀的介质中，光沿直线传播。如果光斜射入不同的介质，就会形成折射。

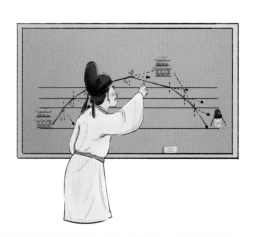

没有什么是科学解答不了的。

当天气温差较大时，光从一个空气层进入另一个密度不同的空气层，就会因折射而形成物体的虚像，形成李白看到的蜃楼奇观。

71

望天门山①

[唐] 李白

天门中断楚江②开③，

碧水东流至此回。

两岸青山④相对出⑤，

孤帆一片日边来。

快看，山在运动呢！

注释

① 天门山：是东梁山和西梁山的合称，位于今安徽省境内。因梁山隔江相望，像天然形成的大门，故得此名。

② 楚江：古时候，长江中下游部分河段流经楚地，所以这部分河段叫作楚江。

③ 开：断开。

④ 两岸青山：分别指东梁山和西梁山。

⑤ 出：突出，出现。

天门山像被楚江从中间冲开似的，
碧绿东流的江水流到这里又流回。
两岸耸立的青山相对如迎接远客，
江上漂摇的孤舟仿佛从日边驶来。

运动的青山

比一比，谁跑得更快！

当然是我啦！

在生活中，我们所看到的物体无时无刻不在发生着运动。比如，飘浮在天边的白云，奔腾不息的江河。

白云、江河在运动时，由于位置随着时间而发生改变，我们将这种运动叫作机械运动。

跑不动了，歇一会儿吧。

那我们现在是静止了吗？

咦？
究竟是我在运动，
还是山在运动？

物体是否在运动，这似乎很好判断。比如，李白诗中的船是运动的，而两岸的青山是静止的。但事实真的是这样吗？

74

用茶壶做参照物吧！

要判断物体是运动的，还是静止的，首先要选取一个参照物。

它们的位置没发生变化，茶杯是静止的。

茶壶没动，但茶杯和茶壶的距离变远了，所以茶杯是运动的。

当物体的位置与参照物发生了变化，物体就是运动的，反之则是静止的。

没想到吧，我的诗中还藏着物理知识呢！

比如，当以地面作为参照物时，青山就是静止的；当以太阳作为参照物时，青山就是运动的。现在，你知道该怎么判断物体的运动和静止了吗？

诗词博物志

早发白帝城①

[唐] 李白

朝辞白帝彩云间②，

千里江陵一日还。

两岸猿声啼③不住，

轻舟已过万重山④。

注释

① 白帝城：城名，位于今重庆奉节东的白帝山上。

② 彩云间：形容白帝城地势高峻，仿佛耸入云间。

③ 啼：鸣叫。

④ 万重山：形容群山绵延。

译文

清晨告别了高耸入云的白帝城，千里之外的江陵一天就能回还。两岸的猿猴不停地在耳畔啼叫，不知不觉轻舟已穿过万重山峰。

让物体漂起来的浮力

别研究石头啦，快点儿上船吧！

真奇怪。

石块浸入水中后会下沉，为什么比它沉重数千万倍的船却能漂浮在水面上呢？

F浮力

船能漂浮在水面上，是因为水对船有一个向上托起来的力——浮力。

在同一片水域，水能够托起船，却无法托起石块。难道水只对船产生浮力吗？

其实，水对任何浸入水中的物体，都会产生浮力。只是浮力是否大于物体所受到的重力，决定了物体是否能够漂浮在水面。

我们用 F 表示浮力，用 G 表示排出液体的重力。

据说，两千多年以前，古希腊学者阿基米德鉴定皇冠时，发现物体浸泡在液体中时，物体排开的液体所受的重力与它所受到的浮力大小相等。

因此，想让物体漂浮在水面上，就要让物体受到的浮力大于自身受到的重力。钢铁制作的轮船、潜水艇以及飞上天空的热气球，利用的都是这个原理。

望洞庭①

[唐] 刘禹锡

刘禹锡：字梦得，河南洛阳人，唐代诗人。

湖光秋月两相和，

潭面无风镜未磨。

遥望洞庭山水翠，

白银盘②里一青螺③。

注释

① 洞庭：湖名，位于今湖南省境内。

② 白银盘：银白色的盘子，这里形容洞庭湖的水色。

③ 青螺：青色的螺，这里比喻洞庭湖中的君山。

译文

洞庭湖的水色与秋月交织在一起，平静的水面就像未经磨洗的铜镜。远远望去洞庭湖的山水苍翠如墨，恰似白色银盘里托着青色的田螺。

最早的镜子

神仙都住在了洞庭湖，能不叫我流连忘返吗？

先生，你已经去过洞庭湖好几次了！

他怎么知道我住在这儿？

神仙

在湖南省内，有一处美不胜收的水上风光——洞庭湖。据说，刘禹锡被贬后曾六次来到洞庭湖。

诗词博物志

风光美，我写的诗也很美。

难怪古时候"监"字的本义是镜子！

在他的眼中，那与月色交融的湖水，就像经鬼斧神工雕琢的艺术品：像一面未打磨的铜镜，又像银盘托着一枚青螺。

刘禹锡的比喻一点儿不错。水中倒影就像一面天然的镜子。那么，水中倒影究竟是怎么回事呢？

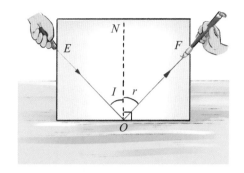

其实，水中倒影的原理是光的反射现象。光在直线传播时，遇到水面、玻璃等物体时，会改变光的传播方向，又返回到原来的物质中，科学家将这一现象叫作光的反射。

听说在端午节中午铸造的阳燧有神力！

早在周朝的时候，古人就能熟练运用光的反射现象，发明出了用来取火的凹面铜镜——阳燧。

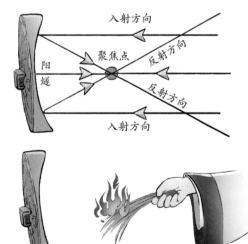

将阳燧的凹面对着太阳，光直射到凹面镜后，就会从不同的角度反射，而反射的光线在凹面曲弧的作用下，从不同角度聚集到一个点上。这个点距离镜面一两寸，像芝麻豆子般大小，落到干草上就能起火。

浪淘沙^① (其一)

[唐] 刘禹锡

九曲^②黄河万里沙，

浪淘风簸^③自^④天涯。

如今直上银河去，

同到牵牛织女家。

注释

① 浪淘沙：唐代的曲名。

② 九曲：形容黄河蜿蜒曲折。

③ 簸（bǒ）：颠簸。

④ 自：来自。

译文

蜿蜒曲折的黄河裹挟着万里泥沙，
波涛滚滚犹如飓风颠簸来自天涯。
如今可以沿着黄河径直来到银河，
和黄河一起拜访牛郎、织女的家。

《浪淘沙》是我和白居易的原创乐曲哦！

黄河的颜色

　　黄河是我国第二长的河流，孕育了灿烂的华夏文明，被誉为中华民族的"母亲河"。

　　黄河的大部分流域位于黄土高原。由于黄土地质疏松，奔腾汹涌的河水流经时，卷走了大量的黄土、泥沙，使河水呈现出混浊的黄色。于是，人们就称这条河流为黄河。不过，黄河的河水并不都是黄色的，黄河上游的河水就清澈很多。

诗词博物志

暮①江吟②

[唐] 白居易

江水究竟什么颜色?

一道残阳铺水中,
半江瑟瑟③半江红。
可怜④九月初三夜,
露似真珠⑤月似弓。

注释

① 暮:黄昏。
② 吟:古代诗歌的一种体裁。
③ 瑟瑟:形容江水碧绿。
④ 可怜:可爱。
⑤ 真珠:这里指珍珠。

译文

一道夕阳的余晖铺洒在江水之中,
一半江水碧绿一半江水染得绯红。
最令人怜爱的是九月初三的月夜,
滴滴清露似珍珠一轮新月似弯弓。

水的颜色

长江水半红半绿，美极了。

真的呀？有机会我也要去看看。

江南可美啦，江水绿得发蓝。

真羡慕你！

我有一个问题……

为啥喝的水是透明的呢？

诗歌里水有很多颜色。白居易去杭州做官的路上，说长江水一半碧绿一半绯红。多年以后，他返回北方，回忆起江南，又说江南水色像蓝草般湛蓝。江水究竟是什么颜色呢？

将白色的阳光分解成多种颜色的过程叫作色散。

日照雨滴实验

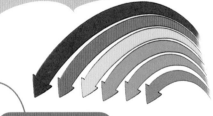

彩虹就是阳光色散的过程。

水本身是无色透明的液体。白居易说水有不同的颜色，这其实是水和水中的生物对太阳光线的吸收和色散呈现出的颜色。

太阳散射光线有七种颜色：红、橙、黄、绿、青、蓝、紫，每种颜色光的波长都不相同。

阳光暖暖的，海风咸咸的。

水吸收光波后，就很难呈现出光的颜色了。其中，红光、黄光和绿光最易被吸收，而蓝光最不易被吸收，它最容易被散射和反射，所以海水看起来是蓝色的。

好邻居，你的身上怎么有光？

你的身上也有呢。

那江水、湖泊为什么还能呈现出其他颜色呢？原来，水中有许多浮游生物、藻类和其他杂质。

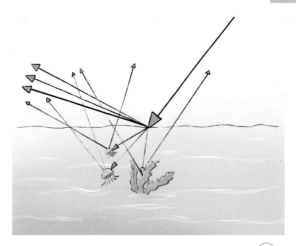

这些"水底居民"会影响光的直线传播，使光向四面八方散射，让水呈现出其他颜色。

题西林壁①

[宋]苏轼

横看②成岭侧成峰，

远近高低各不同。

不识庐山真面目③，

只缘④身在此山中。

 注释

① 题西林壁：在西林寺的墙壁上题词。题，题写。西林，江西庐山的西林寺。

② 横看：由于庐山是南北走向，所以横看指的是从庐山的东面看到西面。

③ 真面目：指庐山真实的面貌。

④ 缘：因为。

苏轼：字子瞻，号东坡居士，眉州眉山（今属四川）人，北宋文学家、书画家、美食家，是"唐宋八大家"之一。

译文

正面看庐山是山岭侧面看庐山是险峰，
远近高低四个视角下的庐山都不相同。
我之所以一直看不清庐山的真实面貌，
只是因为我本身就处在庐山之中罢了。

奇怪的影像

　　我们站在庐山前，只能看到山体的一个面，但却知道庐山是一座立体的山峰。这是为什么呢？

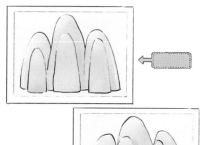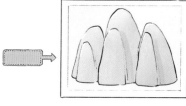

　　我们的双眼有一种神奇的能力，即使在注视同一个物体时，也能以两种不同的角度去观察它，并将看到的两种图像传递给大脑。

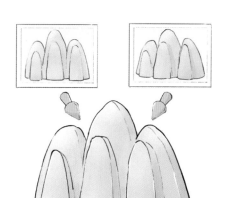

　　大脑将这两张图像合并后，就能通过细微的角度差异，感知到物体的立体图像。

我看到的图像是大脑幻想出来的！

所以，当我们的位置不断地发生变化时，就能持续地获取物体的角度差异，快速想象出物体的真实面貌。

20 世纪上叶，人们将双眼的奇异功能运用到了电影上。人们将两台摄像装置比拟人类的双眼，拍摄下两个角图的景物。

再通过两台放映机，将同时拍摄的两个不同角度的画面投放到银幕上。这样，我们就看到精彩的 3D 电影了。

第四辑 地理地质

追寻诗人足迹，探查山河地貌；看王昌龄在芙蓉楼送别知己，与李白在庐山欣赏悬挂在峭壁上的银河，跟着杜甫攀登顶峰，俯瞰绵延群山。

敕勒歌

北朝民歌①

敕勒②川，阴山③下。

天似穹④庐，笼盖四野。

天苍苍，野茫茫，

风吹草低见⑤牛羊。

① 北朝民歌：南北朝时期北方人民创
作的民歌，收录在《乐府诗集》。

② 敕勒（chì lè）：我国古代北方的少
数民族。

③ 阴山：山脉名称，大部分在今内蒙
古自治区内。

④ 穹（qióng）庐：一种中间隆起、四
角下垂的房子，俗称蒙古包。

⑤ 见（xiàn）：同"现"，显现。

敕勒川的天美草美，
牛羊肥美！

译文

广阔的敕勒草原，就在那阴山脚下。

天像巨大的帐篷，笼盖着四面八方。

天空蓝蓝的，草原一望无际。

轻风拂过，牧草飘摇，

牛羊们时隐时现。

草原王国

多么豪迈的歌声呀！

《敕勒歌》是敕勒人民赞美家乡的民歌。诗中的阴山就坐落在内蒙古自治区境内。这里降水量少，气候干燥，日照丰富，适宜草本植物的生长。丰美的草原养育了马背上的民族，孕育了"草原王国"的灿烂文明。

我快撑不住了。

敕勒民族是我国古代北方游牧民族之一，因为他们造的车轮又高、有大，所以也叫高车民族。

这个月搬三次家了。

瞧，那组装和拆迁都很方便的蒙古包，展现了游牧民族的智慧。

四胡、马头琴、火不思和雅托噶创作了许多豪迈洒脱的草原音乐。

多吃饭，才能更强壮。

真好吃！

敕勒川不仅美景如画，还是食客们向往的圣地。奶茶、炒米、烤全羊，样样都是草原上特有的美味。

出塞

[唐] 王昌龄

秦时明月汉时关，

万里长征人未还。

但使①龙城飞将②在，

不教③胡马④度阴山。

注释

① 但使：如果。

② 龙城飞将：通常认为是西汉将军李广。

③ 不教：不让。

④ 胡马：胡人的军队。

王昌龄：字少伯，唐代大臣，
著名边塞诗人

译文

秦汉以来明月一直照耀着边关，
但万里远征的将士还没有归还。
假如西汉的大将李广还在的话，
绝不会让胡人的军队越过阴山。

为什么阴山很重要

　　在内蒙古区内有一条横跨东西、长达一千二百多千米的山脉，它就是诗中的阴山。阴山还有一个"草原名字"，在匈奴语中叫作"达兰喀喇"，意思是七十多个山头。

北
↑
南

　　阴山一带的地理气候十分独特：北边干燥少雨，非常适合匈奴人民放牧；南边土地肥沃，非常适合中原百姓农耕。

所以，很长一段时间里，游牧民族和农耕民族都在极力争夺这片土地。秦朝的时候，为了增强中原土地的防御力，秦始皇在阴山一带修建了长城。蒙恬将军曾率领秦军夺下阴山南部的土地。

鹬蚌相争，我得利。

后来，项羽与刘邦争霸天下。匈奴军队又趁乱抢走了阴山。

西汉时期，大将军李广多次率军抗击匈奴军队，打了许多胜仗。匈奴人民都很畏惧他，称他为"飞将军"。王昌龄在前往西域的途中，想到朝中没有像李广这样的良将，不禁感慨道："但使龙城飞将在，不教胡马度阴山。"

诗词博物志

芙蓉楼①送辛渐

[唐] 王昌龄

寒雨连江夜入吴②，

平明③送客④楚山⑤孤⑥。

洛阳亲友如相问，

一片冰心⑦在玉壶。

注释

① 芙蓉楼：故址在今江苏镇江北，
下临长江。

② 吴：古时，镇江地属吴国。

③ 平明：天刚亮。

④ 客：指辛渐。

⑤ 楚山：泛指长江中下游北岸的山。

⑥ 孤：单独，孤独。

⑦ 冰心：像冰一样纯洁的心。

我的心从未改变。

译文

寒雨洒满江水的夜晚我来到了吴地，
清晨送走辛渐后只剩下楚山的孤影。
朋友啊！如果洛阳的朋友问起我来，
就说我的心仍像玉壶中的冰般纯洁。

长江南岸的吴国

我的心很纯洁，我的手好冷。

南北朝的时候，诗人鲍照在《代白头吟》一诗中用"清如玉壶冰"来比喻高洁、清白的品格。"一片冰心在玉壶"就是化用了"玉壶冰"的诗句。

吴国在哪儿呢？

除了这个典故，《芙蓉楼送辛渐》中还隐藏着一个历史悠久的古国——吴国。早在周朝的地图上就有吴国了。

别挣扎了，你改叫楚了！

春秋时期，吴越两国的战争一触即发，越王勾践赢得了最后的胜利。到了战国，吴越两地又成为楚国的地盘。所以，长江中下游的山被叫作"楚山"。

102

我来告诉你!

到底在哪个方位?

三国时期，孙权建立了吴国，史称孙吴。不过，令人奇怪的是：吴国明明位于长江下游南岸，人们为什么称吴国为东吴呢？

打起来。

得让他俩

联合抗曹!

到底该和谁

联盟?

诗词博物志

三国鼎立时，因为孙权所统治的地区在曹魏、蜀汉两国的东部，所以就有了东吴的称呼。

送元二①使安西②

[唐] 王维

渭城③朝雨浥④轻尘，

客舍青青柳色新。

劝君更尽一杯酒，

西出阳关⑤无故人。

注释

① 元二：诗人的朋友，姓元，排行老二。

② 安西：唐代设立在西域的安西都护府。
最初设于交河，后迁至龟兹（今新疆库车）。

③ 渭城：秦代的古城咸阳。

④ 浥：湿润。

⑤ 阳关：古代通往西域的要道，故址在
今甘肃敦煌西南。

王维：字摩诘，号摩诘居士，河东
蒲州（今山西永济）人，唐代诗人，
诗与孟浩然齐名，史称"王孟"。

早晨的细雨打湿渭城地面的尘土，
旅舍外面的柳树显得格外青翠。
奉劝我亲爱的朋友再喝一杯美酒，
向西出了阳关就难以遇到故人了。

最早的"海关"

谢谢你，陪我走了六十多里路。

好朋友，保重！

渭城

王维得知元二即将远行，非常不舍，就从长安一路相送到渭城，并写下这首《送元二使安西》。后来，人们将这首诗改编成送别的歌曲，取名《阳关三叠》。

诗词博物志

阳关是汉武帝在甘肃一带设置的关口，也是古代最早的海关之一。人们想前往西域或中亚等地，就要在这里验证出关。

护照的画像是你吗？

我刮了胡子。

黄河远上白云间，一片孤城万仞山。
羌笛何须怨杨柳，春风不度玉门关。

王之涣的《凉州词》描写的就是边塞奇异壮美的风光和将士们的艰苦生活。

真气派!

元二要去什么地方呢？诗名中的"安西"是唐朝在西域设立的关防机构。最初，安西都护府设立在交河，后来迁移到了龟兹，也就是今天的新疆库车县。

玉门关

北
南

阳关

在阳关的北边，汉武帝还修建了玉门关。"二关"由一条七十公里的长城相连，是丝绸之路的交通要道，也是汉唐时期的军事关口。

在《西游记》中，
我还有三个顽皮徒弟。

高僧玄奘从印度取经归来时，也是通过阳关返回长安城的。

望庐山瀑布

[唐] 李白

日照香炉①生紫烟②，

遥看瀑布挂③前川④。

飞流直下三千尺，

疑⑤是银河落九天。

① 香炉：指庐山北部的香炉峰。

② 紫烟：山谷中的紫色烟雾。

③ 挂：悬挂。

④ 川：瀑布。

⑤ 疑：猜疑，怀疑。

译文

阳光照耀下的香炉峰升起了紫色烟雾，
远望瀑布就好像一条大河挂在山崖上。
从高处飞泻而下的水流似乎有三千尺，
让人怀疑银河从九重天上泻落到人间。

"三神山"和"新三山"

传说，大海中有三座仙山——蓬莱、方丈、瀛洲。因为山上居住着仙人，所以又叫"三神山"。秦始皇、汉武帝为了获得长生不死药，都曾到蓬莱岛寻仙。

诗词博物志

为了延续三山的美丽神话，古人就在名山中选出了"新三山"：安徽黄山、江西庐山、浙江雁荡山。

去爬新三神山！

名副其实！

令李白叹为观止的庐山，就是位于江西九江的三山之一，有着"匡庐奇秀甲天下"的美名。

110

庐山的名字来自一段神话。相传，有位名叫方辅的老先生和老子一起来到山中结庐修仙，两人飞升后山上只剩了一座空庐，因此得名庐山。

瀑布是庐山的一大奇观，庐山瀑布其实是由三叠泉瀑布、开先瀑布、秀峰瀑布等组成的庐山瀑布群。李白笔下的瀑布很可能就是香炉峰附近的马尾水瀑布。

因为庐山一带雨水充沛，且山中温差较大，所以常年被云雾笼罩。那缥缈的云雾，在古代人眼中就成了"仙气"。怪不得庐山能入选"新三山"呢！

诗词博物志

登鹳雀楼

[唐] 王之涣

白日依山尽，
黄河入海流。
欲穷千里目，
更上一层楼。

鹳雀楼

黄鹤楼

黄鹤楼①送孟浩然之②广陵

[唐] 李白

故人③西辞④黄鹤楼，

烟花三月下扬州。

孤帆远影碧空尽⑤，

唯见长江天际⑥流。

注释

① 黄鹤楼：中国名楼，在今湖北省武汉市武昌蛇山的峰岭之上。

② 之：往、到。

③ 故人：老朋友，指孟浩然。

④ 辞：告别、辞行。

⑤ 尽：竭、完、没有了。

⑥ 天际：天边。

译文

老友孟浩然辞别了黄鹤楼乘船而去，在柳絮繁花交织的三月里远游扬州。船帆渐行渐远，消失在蓝天的尽头，只看见波浪滔滔的江水向天边流去。

四大名楼

中国古代有四座因诗文出名的楼阁，分别是湖北武汉的黄鹤楼、山西运城的鹳雀楼、江西南昌的滕王阁和湖南岳阳的岳阳楼。

四大名楼中，黄鹤楼挨着奔腾的长江，滕王阁地处赣江东岸，岳阳楼建在洞庭湖边，鹳雀楼临着浩瀚的黄河水。

其中，鹳雀楼是四大名楼中最高的一座。楼外虽然有三层，楼内却有九层空间可以使用。诗人王之涣在登楼之后，被高楼和黄河美景震撼，于是写下了《登鹳雀楼》。

滕王阁

[唐] 王勃

滕王高阁临江渚，佩玉鸣鸾罢歌舞。
画栋朝飞南浦云，珠帘暮卷西山雨。
闲云潭影日悠悠，物换星移几度秋。
阁中帝子今何在？槛外长江空自流。

岳阳楼

[唐] 李商隐

汉水方城带百蛮，
四邻谁道乱周班。
如何一梦高唐雨，
自此无心入武关。

滕王阁

岳阳楼

岳阳楼

望岳

[唐]杜甫

岱宗①夫如何？齐鲁②青③未了④。

造化⑤钟⑥神秀，阴阳割⑦昏晓。

荡胸生曾⑧云，决眦入归鸟。

会当凌绝顶，一览众山小。

注释

① 岱宗：泰山。

② 齐鲁：春秋时期，泰山以北是齐国，泰山以南是鲁国。

③ 青：山的颜色。

④ 未了（liǎo）：连绵不断，没有尽头。

⑤ 造化：大自然。

⑥ 钟：聚集。

⑦ 割：分。

⑧ 曾：同"层"。

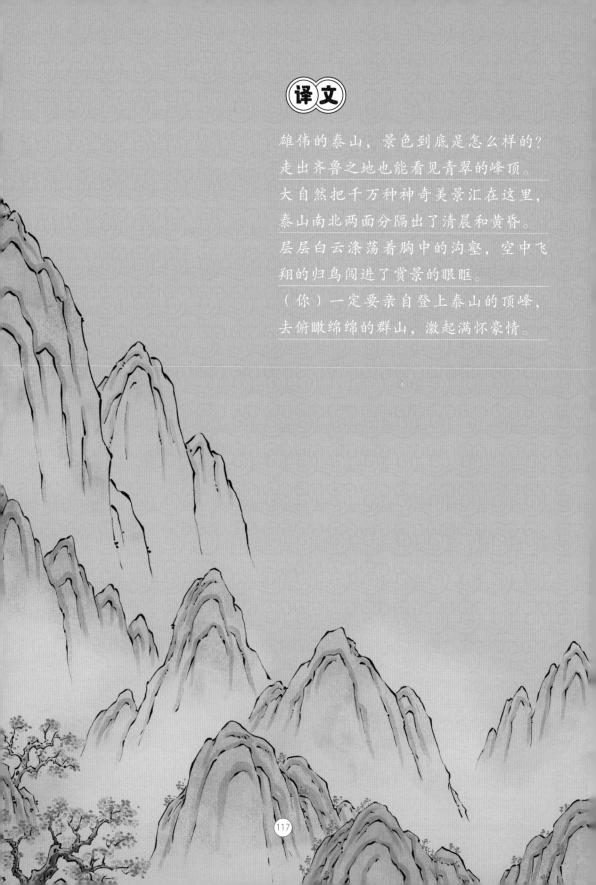

译文

雄伟的泰山，景色到底是怎么样的？走出齐鲁之地也能看见青翠的峰顶。

大自然把千万种神奇美景汇在这里，泰山南北两面分隔出了清晨和黄昏。

层层白云涤荡着胸中的沟壑，空中飞翔的归鸟闯进了赏景的眼眶。

（你）一定要亲自登上泰山的顶峰，去俯瞰绵绵的群山，激起满怀豪情。

"五岳"传说

评选
出来啦！

俗语"五岳归来不看山"说的是五座最险峻的山峰。在汉宣帝看来，"五岳"分别是东岳泰山、西岳华山、南岳霍山、北岳大茂山、中岳嵩山。

不过，隋文帝和清顺治帝并不完全赞同。隋文帝认为南岳当数衡山，清顺治帝认为北岳当数恒山。

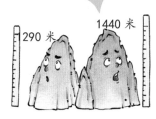

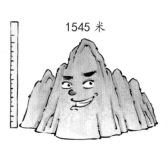

我们输得心服口服。

凭什么？

290 米

1440 米

1545 米

2160 米

2017 米

在为众山评选"五岳"的名号时，位于山东中部的泰山从未受到过人们的质疑。泰山不是五岳中最高、最险的山峰，却在各个历史时期有着"五岳之首"的美名。

统一六国的第三年，我到泰山举行的封禅礼。

在古代，泰山被人们视为"能与神交流"的山峰。从秦始皇开始，汉武帝、唐高祖、宋真宗等历史上多位帝王在泰山举行封禅、祭祀仪式。

一览众山小。

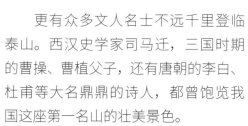

更有众多文人名士不远千里登临泰山。西汉史学家司马迁，三国时期的曹操、曹植父子，还有唐朝的李白、杜甫等大名鼎鼎的诗人，都曾饱览我国这座第一名山的壮美景色。

枫桥①夜泊

[唐] 张继

月落乌啼霜满天②，

江枫渔火③对愁眠。

姑苏④城外寒山寺⑤，

夜半钟声到客船。

 注释

① 枫桥：今江苏省苏州市西的一座古桥。

② 霜满天：形容天气十分寒冷。

③ 渔火：渔船上的火光。

④ 姑苏：苏州。

⑤ 寒山寺：古寺名。

张继：字懿孙，襄州（今湖北襄樊）人，唐代诗人。

译文

月亮西沉乌鸦啼叫风霜满天。
渔火映照枫树愁绪使我难眠。
姑苏城外那座清冷的寒山寺，
半夜的钟声传入岸边的客船。

寺中故事

南朝的时候，梁武帝十分重视礼佛，在枫桥镇（今属苏州金阊区）建立了妙利普明塔院。到了唐朝，因为名僧寒山住在这里，又改名寒山寺。

导航坏了？

拍！我先

拍！我先

你们怎么还在吵？

在唐朝以前，并没有很多文人墨客关注寒山寺。直到张继写下《枫桥夜泊》，才让寒山寺名声大噪，成为游客们的旅游胜地。

杜牧在寒山寺下送别朋友，多年以后，他回想起与朋友告别的情景，写下《怀吴中冯秀才》："唯有别时今不忘，暮烟秋雨过枫桥。"

诗词博物志

画船夜泊寒山寺，
不信江枫有客愁。
二八蛾眉双凤吹，
满天明月按凉州。

元朝的时候，诗人孙华孙也写了一首《枫桥夜泊》。夜晚时，他在寒山寺前看见女乐工在吹奏豪迈的西北乐曲《凉州》。

船里钟催行客起，塔中灯照远僧归。
——《赋得寒山寺送别》（节选）

明朝诗人高启和朋友在寒山寺告别，船家催促的钟声响了一遍又一遍。

诗词博物志

饮湖上初晴后雨

[宋]苏轼

水光潋滟①晴方②好，

山色空蒙③雨亦④奇。

欲把西湖比西子，

淡妆浓抹总相宜。

注释

① 潋滟（liàn yàn）：波光粼粼的样子。

② 方：正。

③ 空蒙：缥缈迷茫的样子。

④ 亦（yì）：也。

译文

雨后的西湖在阳光照耀下水波荡漾，
雨幕笼罩下群山若隐若现十分奇妙。
想要把西湖比成那越国的美人西施，
无论淡妆浓妆总是看起来十分适合。

比美人还美的湖水

孤山寺北贾亭西，水面初平云脚低。
几处早莺争暖树，谁家新燕啄春泥。
——《钱塘湖春行》（节选）

杭州数一数二的盛景，就是能与美人比美的西湖。唐朝以前，西湖名作钱塘湖。白居易就写过一首《钱塘湖春行》。

1071 年，在朝为官的苏轼和宰相王安石发生了矛盾。为了"躲开"王安石，苏轼向皇上请命离开京城，到杭州担任通判一职。

变法能富国强兵，哪里不好？

你的方案太急，我不喜欢。

西施

西子说的就是她。

当苏轼游览雨后西湖，看到波光粼粼的湖面，若隐若现的山峰，不禁感叹："欲把西湖比西子，淡妆浓抹总相宜。"

多年以后，苏轼第二次到杭州任职时，原来风光绮丽的西湖生长了大量水草，不仅美景不再，还令当地的百姓饱尝苦楚。

怎么这么多水草！

清除这些坏家伙。

苏轼想出了许多治湖的办法。为了不让湖中滋生恶草，他鼓励附近的农人在湖里种植菱角。想让菱角长得好，农人们就会定期清理水草。

苏轼不仅了恢复西湖的面貌，还在湖心修建了"三潭印月"的奇观。夜晚，塔中点亮烛火，塔身的圆洞映照在水面上，就像月亮的倒影。

春夜洛城①闻笛

[唐] 李白

谁家玉笛②暗飞声，
散入春风满洛城。
此夜曲中闻③折柳④，
何人不起故园⑤情。

注释

① 洛城：洛阳。
② 玉笛：笛子的美称。
③ 闻：听见。
④ 折柳：指汉代乐曲《折杨柳》，有离别、怀念的意思。
⑤ 故园：故乡。

译文

是谁在深夜用玉笛吹奏，
乐曲乘风飘荡在洛阳城。
从乐曲中听到无尽相思，
谁不会被唤起思乡之情。

四大古都

西安、洛阳、南京以及北京并称我国四大古都。

四大古都中，西安建都朝代最多，历史也最为悠久。周朝的时候，周武王在西安建立镐京作为国都。秦始皇和汉高祖设立的国都也坐落在西安，分别叫作咸阳和长安。

在历史长河中，先后有 13 个王朝在洛阳建立国都。唐朝最繁盛的时代，其政治中心即在洛阳。

古代称为南京的并不止一座城市，东汉、唐朝、宋朝、辽国、金朝、明朝都建立过属于自己的南京城。

我们熟悉的首都北京，在不同的朝代名字有着不同的名字。战国七雄之一的燕国将它叫作燕都，元朝时改名大都。明朝洪武年间叫北平，永乐元年改回北京。清朝延续了北京的称呼，但民国时期再次改为北平，直到 1949 年北平和平解放，这座城市又改名北京。